POC

ISBN 978-2-211-05774-8
Première édition dans la collection *lutin poche*: juin 2000

Loi numéro 49 956 du 16 juillet 1949 sur les publications
destinées à la jeunesse : mai 1995
Dépôt légal : octobre 2007
Imprimé en France par Mame à Tours (n° 07092233)

Claude Ponti

Le chien invisible

lutin poche de l'école des loisirs
11, rue de Sèvres, Paris 6e

Ce soir-là, alors qu'il rentrait chez lui, Oum-Popotte reçut quelque chose sur la tête.

Il en fut si tourneboulé
qu'il ne se souvint plus
du chemin de sa maison.

Heureusement, ses pieds
s'en souvenaient. Et pendant
que ses pieds le ramenaient chez lui,
Oum-Popotte…

… se demanda ce qui avait bien pu lui arriver. Il n'avait rien vu.
Ni avant, ni pendant, ni après.

Une fois chez lui, Oum-Popotte se coucha tout de suite.
Il n'avait pas faim, et n'avait pas envie de parler
à ses parents de carton, qui étaient de mauvaise humeur.

Il écouta son oreiller lui raconter une histoire et s'endormit
bien au chaud sous sa couette.
Ses parents n'écoutèrent pas l'histoire, ils restèrent éveillés
pour discuter toute la nuit.

Le lendemain matin, Oum-Popotte se leva, tourna ses parents de carton du côté du sourire et se lava le bout du museau.

Il but son lait de fraises d'automne,
mangea deux tartines
et récita ses leçons à son cartable.

Après avoir un peu rangé,
il mit son cartable sur son dos
puis il partit pour l'école.

Oum-Popotte traversa les grandes flaques d'eau
devant le mur de briques et, alors qu'il était presque de l'autre côté,
Mademoiselle Grimporidot, Monsieur Toubougon
et Monsieur Couparat, le contrôleur d'ongles, furent éclaboussés.

Madame Ledcstope fut éclaboussée aussi.
Elle venait de nettoyer Clairafon, Ciffe et Javelle, ses trois enfants.
Elle les avait frottés si fort qu'ils avaient failli devenir transparents, même à l'intérieur des oreilles.

Le lendemain suivant, devant la palissade, Lisabelle Zazenne
trébucha sur rien et tomba.
Elle venait d'acheter des poireaux, des pommes de terre,
trois poivrons, trois pommes rouges et une banane.

Un autre lendemain, le directeur de l'école
fut tellement effrayé par un cri que personne n'avait poussé
qu'il manqua d'écraser son fils.

Tous les autres jours,
il se produisit quelque chose
d'extraordinaire : il y eut
les crêpes du goûter qui
s'envolèrent,

la fourmi sauvée de justesse
alors qu'elle se noyait
dans le bassin de la cascade,

les saucisses qui tombèrent
toutes cuites dans le bec
des trois orphelins affamés,

le hurlement qui dura
une nuit entière
sur le toit de la maison
d'Oum-Popotte,

et l'espèce de tornade qui traversa l'école pendant la classe.
Elle tira les nattes de Méréditt Orlivalle, assomma
Marie-Moulhoud, vida son cartable sur la tête d'Édouard
et fit un shampooing spécial à la maîtresse,
Mademoiselle Keufdepierre.

Dans tout le village, les gens étaient furieux.
Ils se réunirent, discutèrent dix-sept jours, et trois d'entre eux, qui étaient les plus forts, vinrent trouver Oum-Popotte et lui dirent :
« C'est toujours quand tu es là qu'il se passe quelque chose. »

Oum-Popotte s'en alla.
Quand il croisa Mélanisoupire
sous la pluie, il découvrit
qu'elle était suivie.
« Ce n'est pas quelque chose », se dit-il,
« c'est quelqu'un. »

Il fabriqua un piège
et attendit,
caché sous une feuille.
Mais personne
ne se fit prendre.

Il prépara une grande quantité de cadeaux de toutes sortes
et les posa un peu partout autour de lui.
Il attendit presque une semaine entière, assis par terre,
près d'un bol de thé.
Mais, là non plus, personne ne vint.

Oum-Popotte raconta tout à Ollie le hibou,
dans sa maison de l'arbre au bord du ciel. Il avait découvert
quelqu'un d'invisible et il ne réussissait pas à l'attraper,
ni à l'apprivoiser, ni à en faire son ami.
« Donne-lui un nom », murmura Ollie avant de se rendormir.

Oum-Popotte
descendit de l'arbre.
Il lui fallait trouver un nom
et ce n'était pas une chose facile
car il ne connaissait pas de…

… magasins où l'on vendait
des noms
et encore moins les jardins
où les noms poussaient.

Oum-Popotte pensa
qu'il devait chercher
à l'intérieur de lui-même.
Il s'installa dans son lit
et se mit à réfléchir.

Au milieu de la nuit, il s'écria :
« Oum-Platichotte ! »
Il avait trouvé
le nom qu'il fallait,
un vrai beau nom d'ami invisible.

Il répéta tout doucement : « Oum-Platichotte, Oum-Platichotte… »
et il sentit un bisou sur sa joue.
C'était un bisou humide, avec un petit claquement de langue
et un aboiement minuscule à la fin.

Au petit matin, Oum-Popotte et Oum-Platichotte sortirent. Ils avaient tant de choses à se montrer et à se dire qu'ils ne virent pas le temps passer. Surtout quand Oum-Platichotte apprit à Oum-Popotte à danser le Souine-Gopatt-Fol qui ne s'arrête que lorsqu'on ne sait plus où l'on est.

Un peu plus tard, ils rencontrèrent les frères Palissade.
Oum-Popotte leur présenta son ami.
« Un chien invisible, bien sûr... » dit l'aîné des trois frères,
qui avait les oreilles plus grandes que lui.
« Mais oui, mais oui... » dirent les deux autres.
Et ils se mirent à rire.

Oum-Popotte se fâcha.
Il expliqua que ce qu'il disait était vrai et qu'il était très sérieux.

Mais les frères Palissade s'étaient tordus de rire
et plus rien ne pouvait les redresser.

Le soir même, Oum-Popotte et Oum-Platichotte organisèrent leur grand spectacle de cirque.
Tout le village était invité. Les enfants avaient amené leurs parents, et même Monsieur Couparat, le contrôleur d'ongles, qui n'avait pas d'enfant, était là, alors qu'il déteste les spectacles.

Ce fut une représentation magnifique et les gens applaudirent tout le temps. À la fin, ils applaudirent d'une façon spéciale pour revoir les numéros les plus difficiles. Et quand ce fut terminé, ils s'écrièrent : « C'est extraordinaire comme Oum-Popotte arrive à faire croire qu'il a un chien invisible. Quel magicien ! »

Aussitôt, le jour se leva.
Oum-Popotte et Oum-Platichotte rentrèrent ensemble à la maison.
Oum-Platichotte rapportait son os de cirque en souvenir et,
cette fois, il suivit le chemin au lieu de passer par n'importe où
comme il l'avait si souvent fait.

Oum-Popotte raconta ses aventures à ses parents de carton
qui étaient de bonne humeur, et pendant ce temps,
Oum-Platichotte courut essayer les jouets d'Oum-Popotte.
Il commença par les fléchettes.

La première fléchette se planta dans un sac de farine.
Un peu de farine tomba sur Oum-Platichotte.
Et Oum-Popotte se dit qu'avec un ami comme ça,
il avait bien de la chance.

POC